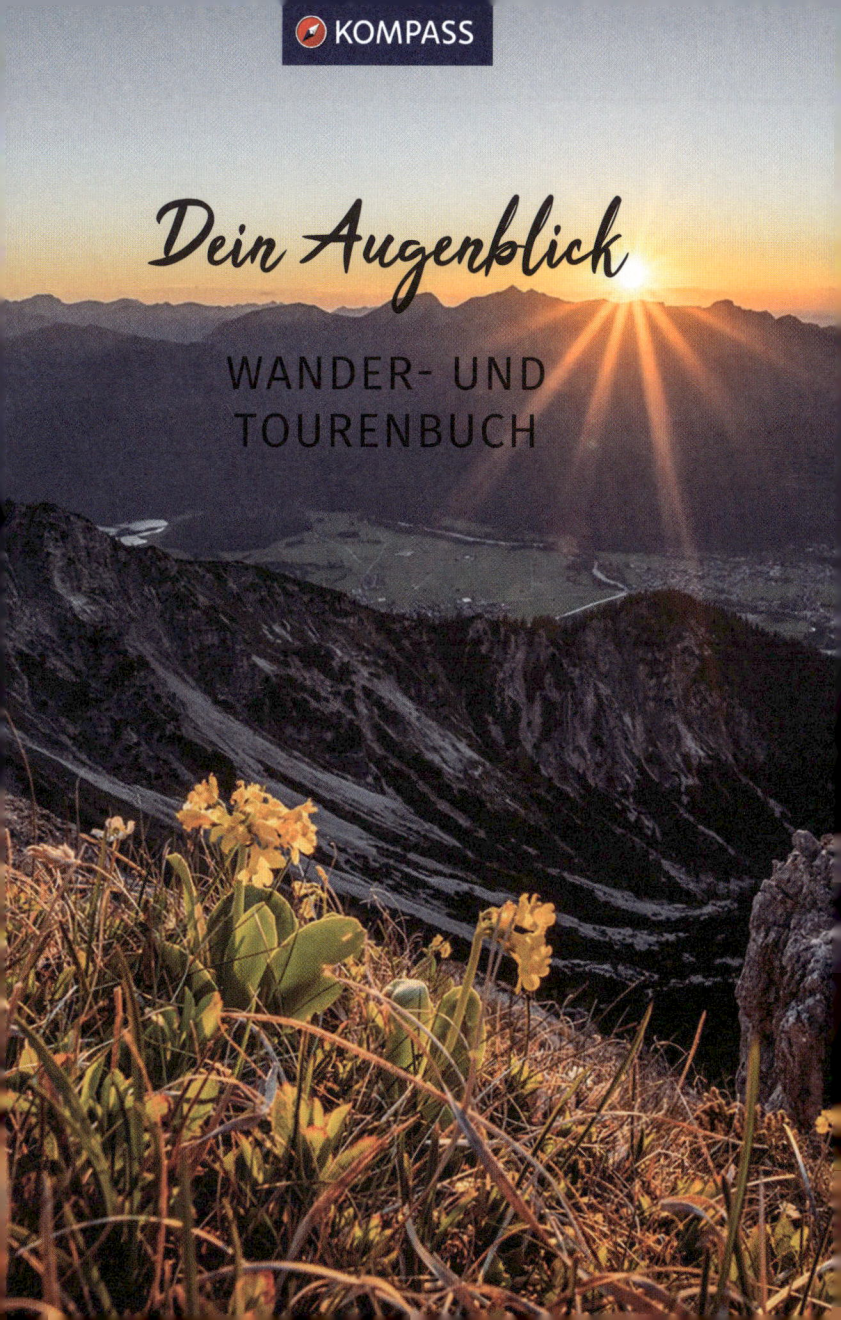

Dein Augenblick

WANDER- UND TOURENBUCH

Der Autor deiner Abenteuer bist du!

Autor/Autorin

_____

Name

_____

Adresse

_____

_____

Telefon

_____

Mail

Kontaktperson

_____

Name

_____

Adresse

_____

_____

Telefon

_____

Mail

„Plastik, Dosen und Papier, sind den Bergen keine Zier. Trägst du sie voller bis hierher, trägst du sie heimwärts auch nicht schwer."

„Grias di. Servus. Ciao."

Höhenmeter, Kilometer und Gipfel – bei der Verwirklichung unserer Ziele sollten wir eines nie aus den Augen verlieren, und zwar die Freude dabei. Plane mit diesem Wander- und Tourenbuch deine Träume, setze sie um und mach daraus Erinnerungen und Legenden. Wenn du dich aufmachst setze dein freundlichstes Lächeln auf, denn auf einer Wanderung grüßt man sich. Legenden sind gemacht für die Ewigkeit. Damit nicht nur unsere Geschichten die Jahre überdauern, sondern auch die Natur in der wir sie erlebt haben, müssen wir sie schützen – das ist Ehrensache.

Ehrensache

Respektiere die Berge, die Natur mit ihrer
Schönheit und die Gefahren.

Beim Wandern zählt das Miteinander. Gegenseitige Hilfe und
Gemeinschaft wiegt mehr als das perfekte Tourenfoto.

Versuche mit öffentlichen Verkehrsmitteln oder mit dem
Fahrrad anzureisen.

Gehe kein Risiko ein. Du willst deine Geschichten
schließlich noch erzählen können.

Wenn dich der Müll am Wegesrand stört, hebe ihn auf.
Beteilige dich am Schutz unserer Umwelt.

Bleib auf den Wegen. Viele Wanderwege führen durch
Naturschutzgebiet. Also schützen auch wir sie.

DIE
ALPEN
VON NORDEN

Der Blick von Wien 48° 12' 29.426" N 16° 22' 25.748" O bis Marseille 43° 17' 47.335" N 5° 22' 11.208" O

Dein Spielfeld für die Verwirklichung deiner Träume.

Eine Liebeserklärung an die Berge „Die Alpen von Norden"
Das Panorama zum Aufhängen als Poster vom KOMPASS-Verlag ISBN: 978-3-99044-795-6

Tourenziele

Halte deine Ziele fest und verwirkliche sie. Mach aus Träumen Erinnerungen.

Vorhaben   **verwirklicht?**

Wanderung, Tour, Etappe   geplantes Datum   ○ ___ Tour auf Seite

○ ___

○ ___

○ ___

○ ___

○ ___

○ ___

○ ___

○ ___

○ ___

○ ___

Vorhaben   ***verwirklicht?***

▲▲▲
_____   ○ _____
Wanderung, Tour, Etappe   geplantes Datum   Tour auf Seite

▲▲▲
_____   ○ _____

▲▲▲
_____   ○ _____

▲▲▲
_____   ○ _____

▲▲▲
_____   ○ _____

▲▲▲
_____   ○ _____

▲▲▲
_____   ○ _____

▲▲▲
_____   ○ _____

▲▲▲
_____   ○ _____

▲▲▲
_____   ○ _____

▲▲▲
_____   ○ _____

Legende

Dein Inhaltsverzeichnis – die Zusammenfassung deiner Touren.

Touren:

Gesamt: Höhenmeter   Kilometer

17				Seite 46
Wanderung, Tour, Etappe	Höhenmeter	Kilometer	Datum	
18				Seite 48
19				Seite 50
20				Seite 52
21				Seite 54
22				Seite 56
23				Seite 58
24				Seite 60
25				Seite 62
26				Seite 64
27				Seite 66
28				Seite 68
29				Seite 70
30				Seite 72
31				Seite 74
32				Seite 76
33				Seite 78
34				Seite 80
35				Seite 82

Gesamt: Höhenmeter Kilometer

Legende

Dein Inhaltsverzeichnis – die Zusammenfassung deiner Touren.

Touren:

Gesamt: Höhenmeter   Kilometer

Gesamt: Höhenmeter Kilometer

01

☆ ☆ ☆ ☆ ☆

Ziel / Wanderung / Etappe

Region / Land / Gebirge

Wegbegleiter

Startzeit / Dauer / Kilometer / Höhenmeter

Route / Streckenverlauf / Highlights

Stimmung 👍○ 🤚○ 👎○ ....

Art der Tour 🚶○ 🚴○ ⛺○ 🐚○ 🚣○ ....

Wetter _____ °C ☀ ⛅ ⛈ 🌧 🌨 Gelände 〰 🌲 ⛰ 🏔
                    ○   ○   ○   ○   ○   ○   ○   ○   ○   ○

Skizze, Stempel, Höhenprofil, Fotos, Platz für Wegbegleiter

02

☆ ☆ ☆ ☆ ☆

Ziel / Wanderung / Etappe

Region / Land / Gebirge

Wegbegleiter

Startzeit / Dauer / Kilometer / Höhenmeter

Route / Streckenverlauf / Highlights

Stimmung 👍 ○ 👊 ○ 👎 ○ ....

Art der Tour 🚶 ○ 🚴 ○ ⛺ ○ 🐚 ○ 🚣 ○ ....

Wetter ____°C ☀ ⛅ ⛈ 🌧 🌨   Gelände

○   ○   ○   ○   ○   ○   ○   ○   ○   ○

Skizze, Stempel, Höhenprofil, Fotos, Platz für Wegbegleiter

16

Datum ....

☆☆☆☆☆

Ziel / Wanderung / Etappe

Region / Land / Gebirge

Wegbegleiter

Startzeit / Dauer / Kilometer / Höhenmeter

Route / Streckenverlauf / Highlights

Stimmung 👍○ 👊○ 👎○ ....

Art der Tour 🚶○ 🚴○ ⛺○ 🐚○ 🚣○ ....

Wetter ....°C ☀ ☁ ⛈ 🌧 🌨
                    ○ ○ ○ ○ ○

Gelände ○ ○ ○ ○ ○

Skizze, Stempel, Höhenprofil, Fotos, Platz für Wegbegleiter

04

☆☆☆☆☆

Ziel / Wanderung / Etappe

Region / Land / Gebirge

Wegbegleiter

Startzeit / Dauer / Kilometer / Höhenmeter

Route / Streckenverlauf / Highlights

Stimmung 👍○ ✊○ 👎○ _____

Art der Tour 🚶○ 🚴○ ⛺○ 🐚○ 🚣○ _____

Wetter ____°C ☀ ☁ ⛈ 🌧 🌨   Gelände
○ ○ ○ ○ ○   ○ ○ ○ ○ ○

Skizze, Stempel, Höhenprofil, Fotos, Platz für Wegbegleiter

05

☆☆☆☆☆

Ziel / Wanderung / Etappe

Region / Land / Gebirge

Wegbegleiter

Startzeit / Dauer / Kilometer / Höhenmeter

Route / Streckenverlauf / Highlights

Stimmung 👍○ ✊○ 👎○ ....

Art der Tour 🚶○ 🚲○ ⛺○ 🐚○ 🚣○ ....

Wetter ....°C ☀ ☁ ⛈ 🌧 🌨   Gelände
　　　　　　　○ ○ ○ ○ ○　　　　　○　　○　　○　　○　　○

Skizze, Stempel, Höhenprofil, Fotos, Platz für Wegbegleiter

06

☆☆☆☆☆

Ziel / Wanderung / Etappe

Region / Land / Gebirge

Wegbegleiter

Startzeit / Dauer / Kilometer / Höhenmeter

Route / Streckenverlauf / Highlights

Stimmung 👍 ○ 👉 ○ 👎 ○ ....

Art der Tour 🚶 ○ 🚴 ○ ⛺ ○ 🐚 ○ 🚣 ○ ....

Wetter .... °C ☀ ⛅ ⛈ 🌧 🌨   Gelände 〰 🌲 ⛰ 🏔
                    ○ ○ ○ ○ ○   ○   ○   ○   ○   ○

Skizze, Stempel, Höhenprofil, Fotos, Platz für Wegbegleiter

Datum ....

☆☆☆☆☆

Ziel / Wanderung / Etappe

Region / Land / Gebirge

Wegbegleiter

Startzeit / Dauer / Kilometer / Höhenmeter

Route / Streckenverlauf / Highlights

Stimmung 👍○ ✋○ 👎○ ....

Art der Tour 🚶○ 🚴○ ⛺○ 🐚○ 🚣○ ....

Wetter ......°C ☀ ☁ ⛈ 🌧 ❄   Gelände
       ○   ○   ○   ○   ○   ○   ○   ○   ○   ○

Skizze, Stempel, Höhenprofil, Fotos, Platz für Wegbegleiter

08

Datum _____

☆ ☆ ☆ ☆ ☆

Ziel / Wanderung / Etappe

Region / Land / Gebirge

Wegbegleiter

Startzeit / Dauer / Kilometer / Höhenmeter

Route / Streckenverlauf / Highlights

Stimmung 👍○ ✋○ 👎○ _____

Art der Tour 🚶○ 🚴○ ⛺○ 🐚○ 🚣○ _____

Wetter _____°C ☀ ☁ ⛈ 🌧 ❄ Gelände
○ ○ ○ ○ ○   ○ ○ ○ ○ ○

Skizze, Stempel, Höhenprofit, Fotos, Platz für Wegbegleiter:

28

09

☆☆☆☆☆

Ziel / Wanderung / Etappe

Region / Land / Gebirge

Wegbegleiter

Startzeit / Dauer / Kilometer / Höhenmeter

Route / Streckenverlauf / Highlights

Stimmung 👍○ ✊○ 👎○ _____

Art der Tour 🚶○ 🚴○ ⛺○ 🐚○ 🚣○ _____

Wetter _____°C ☀ ☁ ⛈ 🌧 ❄   Gelände 〰 ⌒ ⛰ 🏔
　　　　　　○　○　○　○　○　　　　　　　○　　　○　　　○　　　○　　　○

Skizze, Stempel, Höhenprofil, Fotos, Platz für Wegbegleiter

10

☆☆☆☆☆

Ziel / Wanderung / Etappe

Region / Land / Gebirge

Wegbegleiter

Startzeit / Dauer / Kilometer / Höhenmeter

Route / Streckenverlauf / Highlights

Stimmung 👍 ○ 🤚 ○ 👎 ○ ....

Art der Tour 🚶 ○ 🚴 ○ ⛺ ○ 🐚 ○ 🚣 ○ ....

Wetter ....°C ☀ ⛅ ⛈ 🌧 🌨   Gelände
○ ○ ○ ○ ○   ○ ○ ○ ○ ○

Skizze, Stempel, Höhenprofil, Fotos, Platz für Wegbegleiter

11

☆☆☆☆

Ziel / Wanderung / Etappe

Region / Land / Gebirge

Wegbegleiter

Startzeit / Dauer / Kilometer / Höhenmeter

Route / Streckenverlauf / Highlights

Stimmung 👍 ○ 🤚 ○ 👎 ○ ....

Art der Tour 🚶 ○ 🚲 ○ ⛺ ○ 🐚 ○ 🚣 ○ ....

Wetter ......°C ☀ ⛅ ⛈ 🌧 🌨   Gelände 〰 ▂ 🌲 ⛰ 🏔
　　　　　　　　○ ○ ○ ○ ○　　　　　　○ 　○ 　○ 　○ 　○

Skizze, Stempel, Höhenprofil, Fotos, Platz für Wegbegleiter

34

12

☆☆☆☆☆

Ziel / Wanderung / Etappe

Region / Land / Gebirge

Wegbegleiter

Startzeit / Dauer / Kilometer / Höhenmeter

Route / Streckenverlauf / Highlights

Stimmung 👍 ○ ✊ ○ 👎 ○ ....

Art der Tour 🚶 ○ 🚴 ○ ⛺ ○ 🐚 ○ 🚣 ○ ....

Wetter ......°C ☀ ○ ☁ ○ ⛈ ○ 🌧 ○ 🌨 ○   Gelände 〰 ○   ○   ○   🏔 ○   ○

Skizze, Stempel, Höhenprofil, Fotos, Platz für Wegbegleiter

13

☆☆☆☆☆

Ziel / Wanderung / Etappe

Region / Land / Gebirge

Wegbegleiter

Startzeit / Dauer / Kilometer / Höhenmeter

Route / Streckenverlauf / Highlights

Stimmung 👍 ○ ✊ ○ 👎 ○ ....

Art der Tour 🚶 ○ 🚴 ○ ⛺ ○ 🐚 ○ 🚣 ○ ....

Wetter .... °C ☀ ⛅ ⛈ 🌧 🌨   Gelände
○ ○ ○ ○ ○   ○   ○   ○   ○   ○

Skizze, Stempel, Höhenprofil, Fotos, Platz für Wegbegleiter

38

14

☆☆☆☆☆

Ziel / Wanderung / Etappe

Region / Land / Gebirge

Wegbegleiter

Startzeit / Dauer / Kilometer / Höhenmeter

Route / Streckenverlauf / Highlights

Stimmung 👍○ ✊○ 👎○ ....

Art der Tour 🚶○ 🚵○ ⛺○ 🐚○ 🚣○ ....

Wetter ....°C ☀ ☁ ⛈ 🌧 🌨 ○ ○ ○ ○ ○ Gelände ○ ○ ○ ○ ○

Skizze, Stempel, Höhenprofil, Fotos, Platz für Wegbegleiter:

15

☆☆☆☆☆

Ziel / Wanderung / Etappe

Region / Land / Gebirge

Wegbegleiter

Startzeit / Dauer / Kilometer / Höhenmeter

Route / Streckenverlauf / Highlights

Stimmung 👍 ○ ✋ ○ 👎 ○ _____

Art der Tour 🚶 ○ 🚴 ○ ⛺ ○ 🐚 ○ 🚣 ○ _____

Wetter ____°C ☀ ☁ ⛈ 🌧 🌨   Gelände 〰 🌲 ⛰ 🏔
      ○ ○ ○ ○ ○   ○ ○ ○ ○ ○

Skizze, Stempel, Höhenprofil, Fotos, Platz für Wegbegleiter

16

Datum _____

☆☆☆☆☆

Ziel / Wanderung / Etappe

Region / Land / Gebirge

Wegbegleiter

Startzeit / Dauer / Kilometer / Höhenmeter

Route / Streckenverlauf / Highlights

Stimmung 👍○ ✋○ 👎○ _____

Art der Tour 🚶○ 🚴○ ⛺○ 🐚○ 🛶○ _____

Wetter ____°C ☀ ☁ ⛈ 🌧 🌨   Geländе
○ ○ ○ ○ ○   ○   ○   ○   ○   ○

Skizze, Stempel, Höhenprofil, Fotos, Platz für Wegbegleiter:

44

17

☆☆☆☆☆

Ziel / Wanderung / Etappe

Region / Land / Gebirge

Wegbegleiter

Startzeit / Dauer / Kilometer / Höhenmeter

Route / Streckenverlauf / Highlights

Stimmung 👍○ ✊○ 👎○ ....

Art der Tour 🚶○ 🚴○ ⛺○ 🐚○ 🚣○ ....

Wetter ...... °C ☀ ☁ ⛈ 🌧 🌨   Gelände
○ ○ ○ ○ ○   ○ ○ ○ ○ ○

Skizze, Stempel, Höhenprofil, Fotos, Platz für Wegbegleiter

Datum ....

☆☆☆☆☆

Ziel / Wanderung / Etappe

Region / Land / Gebirge

Wegbegleiter

Startzeit / Dauer / Kilometer / Höhenmeter

Route / Streckenverlauf / Highlights

Stimmung 👍 ○ 👊 ○ 👎 ○ ....

Art der Tour 🚶 ○ 🚴 ○ ⛺ ○ 🐚 ○ 🚣 ○ ....

Wetter .... °C ☀ ☁ ⛈ 🌧 🌨   Gelände
○ ○ ○ ○ ○   ○ ○ ○ ○ ○

Skizze, Stempel, Höhenprofil, Fotos, Platz für Wegbegleiter

Datum ....

☆ ☆ ☆ ☆ ☆

Ziel / Wanderung / Etappe

Region / Land / Gebirge

Wegbegleiter

Startzeit / Dauer / Kilometer / Höhenmeter

Route / Streckenverlauf / Highlights

Stimmung 👍 ○ 🤚 ○ 👎 ○ ....

Art der Tour 🥾 ○ 🚴 ○ ⛺ ○ 🐚 ○ 🚣 ○ ....

Wetter ....°C ☀ ⛅ ⛈ 🌧 🌨   Gelände
○ ○ ○ ○ ○ ○ ○ ○ ○ ○

Skizze, Stempel, Höhenprofil, Fotos, Platz für Wegbegleiter

20

Datum _____

☆☆☆☆☆

Ziel / Wanderung / Etappe

Region / Land / Gebirge

Wegbegleiter

Startzeit / Dauer / Kilometer / Höhenmeter

Route / Streckenverlauf / Highlights

Stimmung 👍 ○ ✋ ○ 👎 ○ _____

Art der Tour 🚶 ○ 🚴 ○ ⛺ ○ 🐚 ○ 🚣 ○ _____

Wetter _____ °C ☀ ○ ☁ ○ ⛈ ○ 🌧 ○ ❄ ○   Gelände ○ ○ ○ ○ ○

Skizze, Stempel, Höhenprofil, Fotos, Platz für Wegbegleiter

52

Datum ....

☆☆☆☆☆

Ziel / Wanderung / Etappe

Region / Land / Gebirge

Wegbegleiter

Startzeit / Dauer / Kilometer / Höhenmeter

Route / Streckenverlauf / Highlights

Stimmung 👍○ ✊○ 👎○ ....

Art der Tour 🚶○ 🚴○ ⛺○ 🐚○ 🚣○ ....

Wetter ....°C ☀ ⛈ 🌧 🌨
 ○ ○ ○ ○ ○

Gelände ○ ○ ○ ○ ○

Skizze, Stempel, Höhenprofil, Fotos, Platz für Wegbegleiter.

Datum ....

☆☆☆☆☆

Ziel / Wanderung / Etappe

Region / Land / Gebirge

Wegbegleiter

Startzeit / Dauer / Kilometer / Höhenmeter

Route / Streckenverlauf / Highlights

Stimmung 👍 ○ ✋ ○ 👎 ○ ....

Art der Tour 🚶 ○ 🚴 ○ ⛺ ○ 🐚 ○ 🚣 ○ ....

Wetter ......°C ☀ ⛅ ⛈ 🌧 🌨   Gelände
　　　　　　○　○　○　○　○　　　　　○　　○　　○　　○　　○

Skizze, Stempel, Höhenprofil, Fotos, Platz für Wegbegleiter

23

☆☆☆☆☆

Ziel / Wanderung / Etappe

Region / Land / Gebirge

Wegbegleiter

Startzeit / Dauer / Kilometer / Höhenmeter

Route / Streckenverlauf / Highlights

Stimmung 👍○ ✊○ 👎○ _____

Art der Tour 🚶○ 🚴○ ⛺○ 🐚○ 🚣○ _____

Wetter ___°C ☀ ☁ ⛈ 🌧 🌨   Gelände 〜 🏔 △ ⛰ ○ ○ ○ ○ ○
○ ○ ○ ○ ○

Skizze, Stempel, Höhenprofil, Fotos, Platz für Wegbegleiter

24

☆☆☆☆☆

Ziel / Wanderung / Etappe

Region / Land / Gebirge

Wegbegleiter

Startzeit / Dauer / Kilometer / Höhenmeter

Route / Streckenverlauf / Highlights

Stimmung 👍○ ✋○ 👎○ ....

Art der Tour 🚶○ 🚴○ ⛺○ 🐚○ 🚣○ ....

Wetter ....°C ☀ ☁ ⛈ 🌧 🌨   Gelände ○ ○ ○ ○ ○

Skizze, Stempel, Höhenprofil, Fotos, Platz für Wegbegleiter:

25

☆☆☆☆☆

Ziel / Wanderung / Etappe

Region / Land / Gebirge

Wegbegleiter

Startzeit / Dauer / Kilometer / Höhenmeter

Route / Streckenverlauf / Highlights

Stimmung 👍○ ✋○ 👎○

Art der Tour 🚶○ 🚴○ ⛺○ 🐚○ 🚣○

Wetter _____°C ☀️ ⛅ ⛈️ 🌧️ 🌨️
        ○   ○   ○   ○   ○

Gelände 〰️ ○   ○   ○   ○   ○

Skizze, Stempel, Höhenprofil, Fotos, Platz für Wegbegleiter.

26

☆☆☆☆☆

Ziel / Wanderung / Etappe

Region / Land / Gebirge

Wegbegleiter

Startzeit / Dauer / Kilometer / Höhenmeter

Route / Streckenverlauf / Highlights

Stimmung 👍○ ✊○ 👎○ _____

Art der Tour 🚶○ 🚵○ ⛺○ 🐚○ 🚣○ _____

Wetter ____°C ☀ ☁ ⛈ 🌧 🌨   Gelände
        ○ ○ ○ ○ ○   ○   ○   ○   ○   ○

Skizze, Stempel, Höhenprofil, Fotos, Platz für Wegbegleiter

27

Ziel / Wanderung / Etappe

Region / Land / Gebirge

Wegbegleiter

Startzeit / Dauer / Kilometer / Höhenmeter

Route / Streckenverlauf / Highlights

Stimmung 👍○ ✊○ 👎○ ....

Art der Tour 🚶○ 🚴○ ⛺○ 🐚○ 🚣○ ....

Wetter ....°C ☀ ☁ ⛈ 🌧 🌨   Gelände
     ○ ○ ○ ○ ○   ○ ○ ○ ○ ○

Skizze, Stempel, Höhenprofil, Fotos, Platz für Wegbegleiter

28

Datum ....

☆☆☆☆☆

Ziel / Wanderung / Etappe

Region / Land / Gebirge

Wegbegleiter

Startzeit / Dauer / Kilometer / Höhenmeter

Route / Streckenverlauf / Highlights

Stimmung 👍◯ ✋◯ 👎◯ ....

Art der Tour 🚶◯ 🚴◯ ⛺◯ 🐚◯ 🚣◯ ....

Wetter .... °C ☀ ⛅ ⛈ 🌧 🌨   Gelände ◯ ◯ ◯ ◯ ◯
◯ ◯ ◯ ◯ ◯

Skizze, Stempel, Höhenprofil, Fotos, Platz für Wegbegleiter

68

Datum ....

☆☆☆☆☆

Ziel / Wanderung / Etappe

Region / Land / Gebirge

Wegbegleiter

Startzeit / Dauer / Kilometer / Höhenmeter

Route / Streckenverlauf / Highlights

Stimmung 👍 ○ ✋ ○ 👎 ○ ....

Art der Tour 🥾 ○ 🚴 ○ ⛺ ○ 🐚 ○ 🚣 ○ ....

Wetter ....°C ☀ ⛅ ⛈ 🌧 🌨   Gelände 〰 ⛰🌲 ⛰ ⛰🏔
     ○ ○ ○ ○ ○   ○   ○   ○   ○   ○

Skizze, Stempel, Höhenprofil, Fotos, Platz für Wegbegleiter

30

☆☆☆☆☆

Ziel / Wanderung / Etappe

Region / Land / Gebirge

Wegbegleiter

Startzeit / Dauer / Kilometer / Höhenmeter

Route / Streckenverlauf / Highlights

Stimmung 👍 ○ ✊ ○ 👎 ○ ....

Art der Tour 🚶 ○ 🚴 ○ ⛺ ○ 🐚 ○ 🚣 ○ ....

Wetter ...... °C ☀ ☁ ⛈ 🌧 🌨   Gelände 〰 ⛰
     ○   ○   ○   ○   ○   ○   ○   ○   ○   ○

Skizze, Stempel, Höhenprofil, Fotos, Platz für Wegbegleiter:

Datum ....

☆☆☆☆☆

Ziel / Wanderung / Etappe

Region / Land / Gebirge

Wegbegleiter

Startzeit / Dauer / Kilometer / Höhenmeter

Route / Streckenverlauf / Highlights

Stimmung 👍○ 🤚○ 👎○ ....

Art der Tour 🚶○ 🚴○ ⛺○ 🐚○ 🚣○ ....

Wetter ......°C ☀️ ☁️ ⛈️ 🌧️ 🌨️   Gelände 〰️ 🏞️ 🌲 ⛰️ 🏔️
            ○ ○ ○ ○ ○   ○ ○ ○ ○ ○

Skizze, Stempel, Höhenprofil, Fotos, Platz für Wegbegleiter:

32

☆☆☆☆☆

Ziel / Wanderung / Etappe

Region / Land / Gebirge

Wegbegleiter

Startzeit / Dauer / Kilometer / Höhenmeter

Route / Streckenverlauf / Highlights

Stimmung 👍○ ✊○ 👎○

Art der Tour 🚶○ 🚴○ ⛺○ 🐚○ 🚣○

Wetter ____°C ☀ ☁ ⛈ 🌧 🌨 Gelände ○ ○ ○ ○ ○
             ○ ○ ○ ○ ○

Skizze, Stempel, Höhenprofil, Fotos, Platz für Wegbegleiter:

33

Datum ....

☆☆☆☆☆

Ziel / Wanderung / Etappe
_____

Region / Land / Gebirge
_____

Wegbegleiter
_____

Startzeit / Dauer / Kilometer / Höhenmeter
_____

Route / Streckenverlauf / Highlights
_____

Stimmung 👍○ ✊○ 👎○ ....

Art der Tour 🚶○ 🚴○ ⛺○ 🐚○ 🚣○ ....

Wetter ....°C ☀○ ⛅○ ⛈○ 🌧○ 🌨○   Gelände 〰○ ○ 🌲○ ⛰○ 🏔○

Skizze, Stempel, Höhenprofil, Fotos, Platz für Wegbegleiter

78

34

Datum ....

☆☆☆☆☆

Ziel / Wanderung / Etappe

Region / Land / Gebirge

Wegbegleiter

Startzeit / Dauer / Kilometer / Höhenmeter

Route / Streckenverlauf / Highlights

Stimmung 👍○ ✊○ 👎○ ....

Art der Tour 🥾○ 🚴○ ⛺○ 🐚○ 🚣○ ....

Wetter ......°C ☀ ☁ ⛈ 🌧 🌨   Gelände
○ ○ ○ ○ ○   ○ ○ ○ ○ ○

Skizze, Stempel, Höhenprofil, Fotos, Platz für Wegbegleiter

80

Datum _____

☆☆☆☆☆

Ziel / Wanderung / Etappe

_____

Region / Land / Gebirge

_____

Wegbegleiter

_____

Startzeit / Dauer / Kilometer / Höhenmeter

_____

Route / Streckenverlauf / Higlights

_____

_____

Stimmung 👍○ ✊○ 👎○ _____

Art der Tour 🚶○ 🚴○ ⛺○ 🐚○ 🚣○ _____

Wetter _____°C ☀ ☁ ⛈ 🌧 🌨   Gelände

○ ○ ○ ○ ○   ○   ○   ○   ○   ○

Skizze, Stempel, Höhenprofil, Fotos, Platz für Wegbegleiter

36

Datum ....

☆☆☆☆☆

Ziel / Wanderung / Etappe

Region / Land / Gebirge

Wegbegleiter

Startzeit / Dauer / Kilometer / Höhenmeter

Route / Streckenverlauf / Highlights

Stimmung 👍○ ✊○ 👎○ ....

Art der Tour 🚶○ 🚴○ ⛺○ 🐚○ 🚣○ ....

Wetter ......°C ☀ ☁ ⛈ 🌧 🌨   Gelände
○ ○ ○ ○ ○   ○   ○   ○   ○   ○

Skizze, Stempel, Höhenprofil, Fotos, Platz für Wegbegleiter

84

Datum ....

☆☆☆☆☆

Ziel / Wanderung / Etappe

Region / Land / Gebirge

Wegbegleiter

Startzeit / Dauer / Kilometer / Höhenmeter

Route / Streckenverlauf / Highlights

....

Stimmung 👍○ ✊○ 👎○ ....

Art der Tour 🚶○ 🚴○ ⛺○ 🐚○ 🚣○ ....

Wetter ......°C ☀ ☁ ⛈ 🌧 🌨   Gelände
○ ○ ○ ○ ○   ○ ○ ○ ○ ○

Skizze, Stempel, Höhenprofil, Fotos, Platz für Wegbegleiter

38

☆☆☆☆☆

Ziel / Wanderung / Etappe

Region / Land / Gebirge

Wegbegleiter

Startzeit / Dauer / Kilometer / Höhenmeter

Route / Streckenverlauf / Highlights

Stimmung 👍○ ✋○ 👎○ ....

Art der Tour 🚶○ 🚴○ ⛺○ 🐚○ 🚣○ ....

Wetter .... °C ☀ ⛅ ⛈ 🌧 🌨   Gelände
              ○ ○ ○ ○ ○   ○   ○   ○   ○   ○

Skizze, Stempel, Höhenprofil, Fotos, Platz für Wegbegleiter:

Datum ....

☆☆☆☆☆

Ziel / Wanderung / Etappe

Region / Land / Gebirge

Wegbegleiter

Startzeit / Dauer / Kilometer / Höhenmeter

Route / Streckenverlauf / Highlights

Stimmung 👍○ ✋○ 👎○ ....

Art der Tour 🚶○ 🚴○ ⛺○ 🐚○ 🚣○ ....

Wetter ....°C ☀ ☁ ⛈ 🌧 🌨   Geländе ○ ○ ○ ○ ○

Skizze, Stempel, Höhenprofil, Fotos, Platz für Wegbegleiter

40

☆☆☆☆☆

Ziel / Wanderung / Etappe

Region / Land / Gebirge

Wegbegleiter

Startzeit / Dauer / Kilometer / Höhenmeter

Route / Streckenverlauf / Highlights

Stimmung 👍 ○ ✋ ○ 👎 ○ ....

Art der Tour 🚶 ○ 🚴 ○ ⛺ ○ 🐚 ○ 🚣 ○ ....

Wetter ......°C ☀ ⛅ ⛈ 🌧 🌨   Gelände
○   ○   ○   ○   ○   ○   ○   ○   ○   ○

Skizze, Stempel, Höhenprofil, Fotos, Platz für Wegbegleiter:

92

41

Datum ....

☆☆☆☆☆

Ziel / Wanderung / Etappe
....

Region / Land / Gebirge
....

Wegbegleiter
....

Startzeit / Dauer / Kilometer / Höhenmeter
....

Route / Streckenverlauf / Highlights
....
....

Stimmung 👍○ ✊○ 👎○ ....

Art der Tour 🚶○ 🚲○ ⛺○ 🐚○ 🚣○ ....

Wetter ____°C ☀️ ⛅ ⛈️ 🌧️ 🌨️   Gelände
　　　　　　○　○　○　○　○　　　○　○　○　○　○

Skizze, Stempel, Höhenprofil, Fotos, Platz für Wegbegleiter

94

42

☆☆☆☆☆

Ziel / Wanderung / Etappe

Region / Land / Gebirge

Wegbegleiter

Startzeit / Dauer / Kilometer / Höhenmeter

Route / Streckenverlauf / Highlights

Stimmung 👍 ○ ✊ ○ 👎 ○ _____

Art der Tour 🚶 ○ 🚴 ○ ⛺ ○ 🐚 ○ 🚣 ○ _____

Wetter ____°C ☀ ○ ☁ ○ ⛈ ○ 🌧 ○ 🌨 ○   Gelände ~~~ ○   ○   ○   ○   ○

Skizze, Stempel, Höhenprofil, Fotos, Platz für Wegbegleiter:

43

Datum ....

☆☆☆☆☆

Ziel / Wanderung / Etappe

Region / Land / Gebirge

Wegbegleiter

Startzeit / Dauer / Kilometer / Höhenmeter

Route / Streckenverlauf / Highlights

Stimmung 👍○ ✊○ 👎○ ....

Art der Tour 🚶○ 🚴○ ⛺○ 🐚○ 🚣○ ....

Wetter ......°C ☀ ☁ ⛈ 🌧 🌨   Gelände
　　　　　　○　○　○　○　○　　　　○　　○　　○　　○　　○

Skizze, Stempel, Höhenprofil, Fotos, Platz für Wegbegleiter

98

44

☆☆☆☆☆

Ziel / Wanderung / Etappe
_____

Region / Land / Gebirge
_____

Wegbegleiter
_____

Startzeit / Dauer / Kilometer / Höhenmeter
_____

Route / Streckenverlauf / Highlights
_____
_____

Stimmung 👍○ ✋○ 👎○ ....

Art der Tour 🚶○ 🚴○ ⛺○ 🐚○ 🚣○ ....

Wetter ......°C ☀ ☁ ⛈ 🌧 🌨   Gelände
○ ○ ○ ○ ○   ○ ○ ○ ○ ○

Skizze, Stempel, Höhenprofil, Fotos, Platz für Wegbegleiter

Datum _____

☆☆☆☆☆

Ziel / Wanderung / Etappe

Region / Land / Gebirge

Wegbegleiter

Startzeit / Dauer / Kilometer / Höhenmeter

Route / Streckenverlauf / Highlights

Stimmung 👍 ○ ✋ ○ 👎 ○ _____

Art der Tour 🚶 ○ 🚴 ○ ⛺ ○ 🐚 ○ 🚣 ○ _____

Wetter ____ °C ☀ ○ ☁ ○ ⛈ ○ 🌧 ○ 🌨 ○   Gelände ○   ○   ○   ○   ○

Skizze, Stempel, Höhenprofil, Fotos, Platz für Wegbegleiter:

46

☆☆☆☆☆

Ziel / Wanderung / Etappe

Region / Land / Gebirge

Wegbegleiter

Startzeit / Dauer / Kilometer / Höhenmeter

Route / Streckenverlauf / Highlights

Stimmung 👍○ 🤚○ 👎○ ....

Art der Tour 🚶○ 🚴○ ⛺○ 🐚○ 🚣○ ....

Wetter ....°C ☀ ☁ ⛈ 🌧 🌨   Gelände
　　　　　　 ○ ○ ○ ○ ○　　　　　　 ○ ○ ○ ○ ○

Skizze, Stempel, Höhenprofil, Fotos, Platz für Wegbegleiter.

47

Datum _____

☆☆☆☆☆

Ziel / Wanderung / Etappe

Region / Land / Gebirge

Wegbegleiter

Startzeit / Dauer / Kilometer / Höhenmeter

Route / Streckenverlauf / Highlights

Stimmung 👍○ ✊○ 👎○ _____

Art der Tour 🚶○ 🚵○ ⛺○ 🐚○ 🚣○ _____

Wetter ____°C ☀ ☁ ⛈ 🌧 🌨   Gelände 〜〜 🌲 ⛰ 🏔

○ ○ ○ ○ ○   ○ ○ ○ ○ ○

Skizze, Stempel, Höhenprofil, Fotos, Platz für Wegbegleiter:

48

Datum ....

☆☆☆☆☆

Ziel / Wanderung / Etappe

Region / Land / Gebirge

Wegbegleiter

Startzeit / Dauer / Kilometer / Höhenmeter

Route / Streckenverlauf / Highlights

Stimmung 👍 ○ ✊ ○ 👎 ○ ....

Art der Tour 🚶 ○ 🚴 ○ ⛺ ○ 🐚 ○ 🚣 ○ ....

Wetter ......°C ☀ ○ ☁ ○ ⛈ ○ 🌧 ○ ❄ ○   Gelände ～～ ○ ⌂ ○ 🌲 ○ ⛰ ○ 🏔 ○

Skizze, Stempel, Höhenprofil, Fotos, Platz für Wegbegleiter:

108

49

☆☆☆☆☆

Ziel / Wanderung / Etappe

Region / Land / Gebirge

Wegbegleiter

Startzeit / Dauer / Kilometer / Höhenmeter

Route / Streckenverlauf / Highlights

Stimmung 👍○ ✋○ 👎○ ....

Art der Tour 🚶○ 🚴○ ⛺○ 🐚○ 🚣○ ....

Wetter ......°C ☀ ☁ ⛈ 🌧 ❄
　　　　　　○　○　○　○　○　　Gelände ○　○　○　○　○

Skizze, Stempel, Höhenprofil, Fotos, Platz für Wegbegleiter

50

Datum ....

☆☆☆☆☆

Ziel / Wanderung / Etappe

Region / Land / Gebirge

Wegbegleiter

Startzeit / Dauer / Kilometer / Höhenmeter

Route / Streckenverlauf / Highlights

Stimmung 👍○ 👊○ 👎○ ....

Art der Tour 🚶○ 🚴○ ⛺○ 🐚○ 🚣○ ....

Wetter .... °C ☀ ⛅ ⛈ 🌧 🌨   Gelände

○ ○ ○ ○ ○   ○   ○   ○   ○   ○

Skizze, Stempel, Höhenprofil, Fotos, Platz für Wegbegleiter.

51

☆☆☆☆☆

Ziel / Wanderung / Etappe

Region / Land / Gebirge

Wegbegleiter

Startzeit / Dauer / Kilometer / Höhenmeter

Route / Streckenverlauf / Highlights

Stimmung 👍○ ✊○ 👎○ ....

Art der Tour 🚶○ 🚲○ ⛺○ 🐚○ 🚣○ ....

Wetter _____°C ☀ ☁ ⛈ 🌧 🌨   Gelände 〰〰
    ○ ○ ○ ○ ○   ○ ○ ○ ○ ○

Skizze, Stempel, Höhenprofil, Fotos, Platz für Wegbegleiter

52

☆☆☆☆☆

Ziel / Wanderung / Etappe

Region / Land / Gebirge

Wegbegleiter

Startzeit / Dauer / Kilometer / Höhenmeter

Route / Streckenverlauf / Highlights

Stimmung 👍 ○ ✊ ○ 👎 ○ ....

Art der Tour 🚶 ○ 🚴 ○ ⛺ ○ 🐚 ○ 🚣 ○ ....

Wetter ....°C ☀ ☁ ⛈ 🌧 🌨   Geländе
○ ○ ○ ○ ○   ○   ○   ○   ○   ○

Skizze, Stempel, Höhenprofil, Fotos, Platz für Wegbegleiter.

116

53

☆☆☆☆☆

Ziel / Wanderung / Etappe

Region / Land / Gebirge

Wegbegleiter

Startzeit / Dauer / Kilometer / Höhenmeter

Route / Streckenverlauf / Highlights

Stimmung 👍○ ✊○ 👎○ ....

Art der Tour 🚶○ 🚴○ ⛺○ 🐚○ 🚣○ ....

Wetter ....°C ☀️ ⛅ ⛈️ 🌧️ 🌨️
       ○   ○   ○   ○   ○

Gelände 〰️ 🏔️ 🏕️ 🏔️
        ○   ○   ○   ○   ○

Skizze, Stempel, Höhenprofil, Fotos, Platz für Wegbegleiter:

54

☆☆☆☆☆

Ziel / Wanderung / Etappe

Region / Land / Gebirge

Wegbegleiter

Startzeit / Dauer / Kilometer / Höhenmeter

Route / Streckenverlauf / Highlights

Stimmung 👍○ 🤙○ 👎○ _____

Art der Tour 🚶○ 🚴○ ⛺○ 🐚○ 🚣○ _____

Wetter ____°C ☀ ☁ ⛈ 🌧 🌨   Gelände
        ○ ○ ○ ○ ○   ○   ○   ○   ○   ○

Skizze, Stempel, Höhenprofil, Fotos, Platz für Wegbegleiter.

55

☆☆☆☆☆

Ziel / Wanderung / Etappe

Region / Land / Gebirge

Wegbegleiter

Startzeit / Dauer / Kilometer / Höhenmeter

Route / Streckenverlauf / Highlights

Stimmung 👍○ ✊○ 👎○ ....

Art der Tour 🚶○ 🚴○ ⛺○ 🐚○ 🚣○ ....

Wetter ....°C ☀ ⛅ ⛈ 🌧 🌨 Gelände
        ○ ○ ○ ○ ○   ○   ○   ○   ○   ○

Skizze, Stempel, Höhenprofil, Fotos, Platz für Wegbegleiter

Datum ....

☆☆☆☆☆

Ziel / Wanderung / Etappe

Region / Land / Gebirge

Wegbegleiter

Startzeit / Dauer / Kilometer / Höhenmeter

Route / Streckenverlauf / Highlights

Stimmung 👍○ 👊○ 👎○ ....

Art der Tour 🚶○ 🚴○ ⛺○ 🐚○ 🚣○ ....

Wetter ......°C ☀ ☁ ⛈ 🌧 🌨   Gelände
○ ○ ○ ○ ○   ○ ○ ○ ○ ○

Skizze, Stempel, Höhenprofil, Fotos, Platz für Wegbegleiter

57

☆☆☆☆☆

Ziel / Wanderung / Etappe
....

Region / Land / Gebirge
....

Wegbegleiter
....

Startzeit / Dauer / Kilometer / Höhenmeter
....

Route / Streckenverlauf / Highlights
....

....

Stimmung 👍○ 👉○ 👎○ ....

Art der Tour 🚶○ 🚴○ ⛺○ 🐚○ 🚣○ ....

Wetter ......°C ☀ ☁ ⛈ 🌧 ❄ Gelände 〰

○　○　○　○　○　　　　　○　　○　　○　　○　　○

Skizze, Stempel, Höhenprofil, Fotos, Platz für Wegbegleiter

58

☆☆☆☆☆

Ziel / Wanderung / Etappe

Region / Land / Gebirge

Wegbegleiter

Startzeit / Dauer / Kilometer / Höhenmeter

Route / Streckenverlauf / Highlights

Stimmung 👍○ ✋○ 👎○ ....

Art der Tour 🚶○ 🚴○ ⛺○ 🐚○ 🚣○ ....

Wetter ......°C ☀ ☁ ⛈ 🌧 🌨   Gelände 〰 🌲 ⛰ ⛰
　　　　　　○ ○ ○ ○ ○　　　　　　○ ○ ○ ○ ○

Skizze, Stempel, Höhenprofil, Fotos, Platz für Wegbegleiter

59

☆☆☆☆☆

Ziel / Wanderung / Etappe

Region / Land / Gebirge

Wegbegleiter

Startzeit / Dauer / Kilometer / Höhenmeter

Route / Streckenverlauf / Highlights

Stimmung 👍 ○ ✋ ○ 👎 ○ ....

Art der Tour 🚶 ○ 🚴 ○ ⛺ ○ 🐚 ○ 🚣 ○ ....

Wetter ....°C ☀ ⛅ ⛈ 🌧 ❄ Geländе 〜〜〜 🌲 ⛰ 🏔
　　　　　　　　○　○　○　○　○　　　　　　○　　○　　○　　○　　○

Skizze, Stempel, Höhenprofil, Fotos, Platz für Wegbegleiter

60

☆☆☆☆☆

Ziel / Wanderung / Etappe

Region / Land / Gebirge

Wegbegleiter

Startzeit / Dauer / Kilometer / Höhenmeter

Route / Streckenverlauf / Highlights

Stimmung 👍 ○ 👊 ○ 👎 ○ ....

Art der Tour 🥾 ○ 🚴 ○ ⛺ ○ 🐚 ○ 🚣 ○ ....

Wetter ......°C ☀ ⛅ ⛈ 🌧 🌨 Gelände 〰 🌲 ⛰ ⛰
　　　　　○ ○ ○ ○ ○　　　　　○ ○ ○ ○ ○

Skizze, Stempel, Höhenprofil, Fotos, Platz für Wegbegleiter

132

Datum ....

☆☆☆☆☆

Ziel / Wanderung / Etappe

Region / Land / Gebirge

Wegbegleiter

Startzeit / Dauer / Kilometer / Höhenmeter

Route / Streckenverlauf / Highlights

Stimmung 👍○ 👊○ 👎○ ....

Art der Tour 🚶○ 🚴○ ⛺○ 🐚○ 🚣○ ....

Wetter ....°C ☀ ☁ ⛈ 🌧 🌨 Gelände ○ ○ ○ ○ ○
○ ○ ○ ○ ○

Skizze, Stempel, Höhenprofil, Fotos, Platz für Wegbegleiter

62

Datum ....

☆☆☆☆☆

Ziel / Wanderung / Etappe

Region / Land / Gebirge

Wegbegleiter

Startzeit / Dauer / Kilometer / Höhenmeter

Route / Streckenverlauf / Highlights

Stimmung 👍○ ✋○ 👎○ ....

Art der Tour 🚶○ 🚲○ ⛺○ 🐚○ 🚣○ ....

Wetter ....°C ☀️○ ⛅○ ⛈️○ 🌧️○ ❄️○   Gelände ○ ○ ○ ○ ○

Skizze, Stempel, Höhenprofil, Fotos, Platz für Wegbegleiter

136

63

☆☆☆☆☆

Ziel / Wanderung / Etappe

Region / Land / Gebirge

Wegbegleiter

Startzeit / Dauer / Kilometer / Höhenmeter

Route / Streckenverlauf / Highlights

Stimmung 👍 ○ 👊 ○ 👎 ○ ....

Art der Tour 🚶 ○ 🚴 ○ ⛺ ○ 🐚 ○ 🚣 ○ ....

Wetter ......°C ☀ ⛅ ⛈ 🌧 🌨   Gelände 〰 🏞 ⛰ 🏔
○ ○ ○ ○ ○   ○ ○ ○ ○ ○

Skizze, Stempel, Höhenprofil, Fotos, Platz für Wegbegleiter

64

☆☆☆☆☆

Ziel / Wanderung / Etappe

Region / Land / Gebirge

Wegbegleiter

Startzeit / Dauer / Kilometer / Höhenmeter

Route / Streckenverlauf / Highlights

Stimmung 👍○ ✊○ 👎○ ....

Art der Tour 🚶○ 🚴○ ⛺○ 🐚○ 🚣○ ....

Wetter ......°C ☀ ☁ ⛈ 🌧 🌨   Gelände
○ ○ ○ ○ ○   ○   ○   ○   ○   ○

Skizze, Stempel, Höhenprofil, Fotos, Platz für Wegbegleiter

Datum ....

☆☆☆☆☆

Ziel / Wanderung / Etappe

Region / Land / Gebirge

Wegbegleiter

Startzeit / Dauer / Kilometer / Höhenmeter

Route / Streckenverlauf / Highlights

Stimmung 👍○ ✋○ 👎○ ....

Art der Tour 🥾○ 🚵○ ⛺○ 🐚○ 🚣○ ....

Wetter ......°C ☀ ☁ ⛈ 🌧 🌨   Gelände 〰 🏞 ⛰ 🏔 🏔
    ○ ○ ○ ○ ○   ○ ○ ○ ○ ○

Skizze, Stempel, Höhenprofil, Fotos, Platz für Wegbegleiter:

Datum _____

☆☆☆☆☆

Ziel / Wanderung / Etappe

Region / Land / Gebirge

Wegbegleiter

Startzeit / Dauer / Kilometer / Höhenmeter

Route / Streckenverlauf / Highlights

Stimmung 👍○ ✋○ 👎○

Art der Tour 🚶○ 🚴○ ⛺○ 🐚○ 🚣○

Wetter _____°C ☀️ ⛅ ⛈️ 🌧️ 🌨️
　　　　　　　　○　○　○　○　○　　Gelände 〰️🌲🏔️ ○　○　○　○　○

Skizze, Stempel, Höhenprofil, Fotos, Platz für Wegbegleiter:

67

☆☆☆☆☆

Ziel / Wanderung / Etappe

Region / Land / Gebirge

Wegbegleiter

Startzeit / Dauer / Kilometer / Höhenmeter

Route / Streckenverlauf / Highlights

Stimmung 👍○ ✋○ 👎○ _____

Art der Tour 🚶○ 🚴○ ⛺○ 🐚○ 🚣○ _____

Wetter ____°C ☀ ☁ ⛈ 🌧 🌨
○ ○ ○ ○ ○

Gelände 〰 🏔 🏔 🏔
○ ○ ○ ○ ○

Skizze, Stempel, Höhenprofil, Fotos, Platz für Wegbegleiter:

Datum ....

☆☆☆☆☆

Ziel / Wanderung / Etappe

Region / Land / Gebirge

Wegbegleiter

Startzeit / Dauer / Kilometer / Höhenmeter

Route / Streckenverlauf / Highlights

Stimmung 👍 ○ ✊ ○ 👎 ○ ....

Art der Tour 🚶 ○ 🚴 ○ ⛺ ○ 🐚 ○ 🚣 ○ ....

Wetter ....°C ☀ ○ ☁ ○ ⛈ ○ 🌧 ○ ❄ ○   Gelände ～～ ○ 🌲 ○ ⛰ ○ ⛰ ○ 🏔 ○

Skizze, Stempel, Höhenprofil, Fotos, Platz für Wegbegleiter

69

☆☆☆☆☆

Ziel / Wanderung / Etappe

Region / Land / Gebirge

Wegbegleiter

Startzeit / Dauer / Kilometer / Höhenmeter

Route / Streckenverlauf / Highlights

Stimmung 👍○ 🤚○ 👎○ ....

Art der Tour 🚶○ 🚴○ ⛺○ 🐚○ 🚣○ ....

Wetter ......°C ☀ ☁ ⛈ 🌧 🌨   Gelände
○ ○ ○ ○ ○   ○ ○ ○ ○ ○

Skizze, Stempel, Höhenprofil, Fotos, Platz für Wegbegleiter

150

70

Datum ....

☆☆☆☆☆

Ziel / Wanderung / Etappe

Region / Land / Gebirge

Wegbegleiter

Startzeit / Dauer / Kilometer / Höhenmeter

Route / Streckenverlauf / Highlights

Stimmung 👍○ ✋○ 👎○ ....

Art der Tour 🚶○ 🚴○ ⛺○ 🐚○ 🚣○ ....

Wetter ....°C ☀️ ⛅ ⛈️ 🌧️ 🌨️   Gelände 〰️ 🌲 ⛰️ 🏔️
              ○   ○   ○   ○   ○   ○   ○   ○   ○   ○

Skizze, Stempel, Höhenprofil, Fotos, Platz für Wegbegleiter

152

Vollende dieses Wander- und Tourenbuch mit deinen Erlebnissen und mache es so zum Unikat.

Infos ...

... die gut zu wissen sind, man aber besser nicht brauchen sollte.

Rettungsnummern

Notrufnummer Europa	**112**
Bergrettung Österreich	**140**
Bergrettung Deutschland	**112**
Bergrettung Italien	**118**
Bergrettung Schweiz	**1414**

Körpersignale bei Sichtkontakt mit Rettungshubschraubern

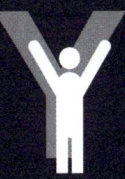

Yes = Ja
Es wird Hilfe benötigt.
Hier landen.

No = Nein
Es wird keine Hilfe benötigt.
Nicht landen.

Bei Einweisung des Hubschraubers zur Landung ist Folgendes zu beachten: Mit ausgebreiteten Armen und dem Rücken gegen den Wind am Rande des vorgesehenen Landeplatzes (ca. 20 x 20 m) stehen bleiben. ACHTUNG! Entferne dich nicht, ehe die Rotorblätter zum Stillstand gekommen sind. (Man stellt für den Piloten bei der Landung einen wichtigen Orientierungspunkt dar)! Alle losen Ausrüstungsgegenstände vor dem starken Rotorwind schützen!

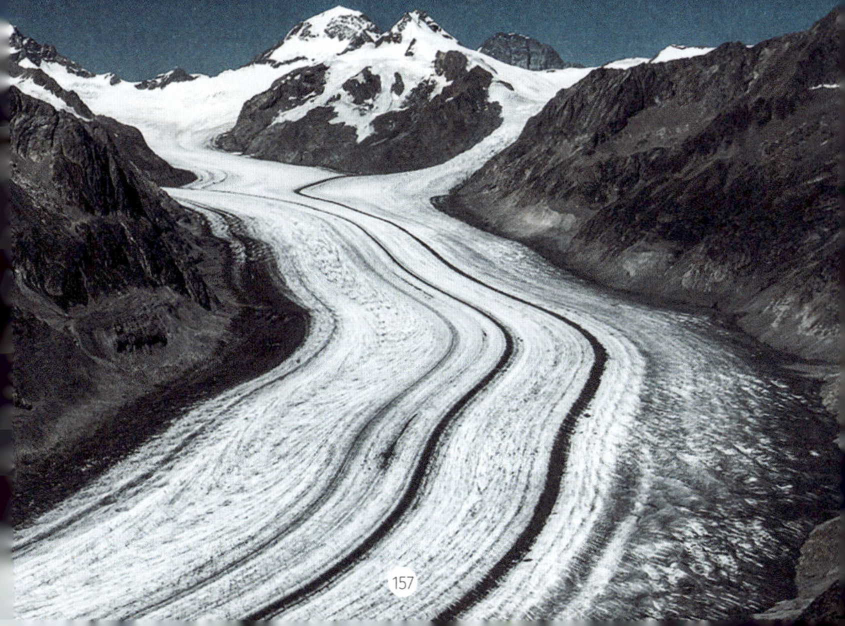

„Eine Karte ist Sicherheit, Inspiration
und eine Schatztruhe voll neuer Ideen
für alle, die sie zu lesen wissen."

Orientierung

Wo der Asphalt endet, beginnt die Welt von Wanderkarten. Für die Planung einer Tour, für die Orientierung in der Natur und als Erinnerung danach sind Karten unersetzlich. Eine Wanderkarte inspiriert für neue Touren und Vorhaben. Sie vermittelt eine Übersicht des Geländes und sollte als unerlässlicher Begleiter bei echten Abenteuern immer mit dabei sein.

Die Karte mit Kompass einnorden

KOMPASS-Wanderkarten zeigen immer nach Norden, so wie jede Kompassnadel. Halte die Karte gerade vor dich und lege den Kompass parallel zur Seitenkante an. Drehe dich nun so lange, bis die Nadel gerade vor dir nach Norden zeigt.

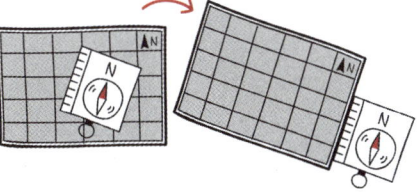

Die Karte ohne Kompass einnorden

Hat man keinen Kompass zur Hand und möchte die Wanderkarte einnorden, sucht man sich in der Umgebung einen markanten Punkt (Kirchturm, Burg, Seilbahn, Einzelgehöft), der auch in der Karte zu finden ist. Danach zieht man auf der Karte zwischen dem eigenen Standpunkt und dem Orientierungspunkt eine Linie. Wenn man sich nun mit der Karte dreht, sodass diese Linie sich in Richtung des markanten Punktes im Gelände verlängert, ist die Karte eingenordet. Die obere Kartenkante (Schrift-Leserichtung) zeigt nun nach Norden.

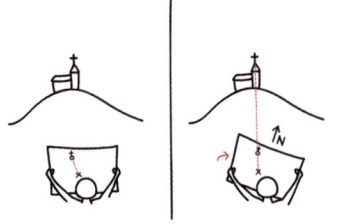

Standortbestimmung

Zuerst richtet man die Karte ungefähr Richtung Norden aus. Danach sucht man sich in unmittelbarer Umgebung in der Natur einen markanten Punkt (z. B. Kirchturm, Einzelgehöft, Brücke usw.). In Sichtlinie zu diesem Punkt versucht man einen weiteren Orientierungspunkt zu finden. Beide Punkte verbindet man auf der Karte mit einer Linie. Nun versucht man in einem Winkel von 90° zwei weitere Objekte zu finden, die ebenfalls auf der Karte mit einer Linie verbunden werden. Dort wo sich diese beiden Linien auf der Wanderkarte kreuzen, befindet sich der eigene Standort.

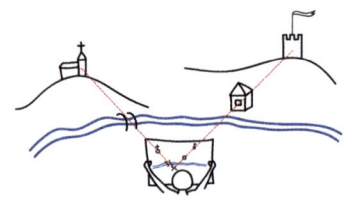

Der Maßstab

Auf der Wanderkarte wird die Landschaft immer verkleinert und vereinfacht dargestellt. Der sogenannte Maßstab gibt an, um wie viel das Gelände kleiner eingezeichnet ist.
Steht auf der Karte beispielsweise der Maßstab 1 : 50 000 so bedeutet dies, dass 1 cm auf der Karte 50 000 cm in der Natur (Wirklichkeit) sind. Wandelt man diese 50 000 cm in Meter um, sind es 500. Das heißt bei einem Maßstab von 1 : 50 000 entspricht 1 cm in der Karte 500 m in der Natur, bei einem Maßstab von 1 : 25 000 sind es 250 m.

Höhenlinien

Um ein Gelände auf der zweidimensionalen Karte plastischer darstellen zu können, wird dieses theoretisch in gleichbleibend dicke Scheiben geschnitten. Diese Schnittlinien bezeichnet man als Höhenlinien. Je enger die Höhenlinien beisammenliegen, desto steiler ist das Gelände. Je weiter die Höhenlinien auseinanderliegen, desto flacher ist es.

Bei der Planung einer Wanderung ist es auch wichtig darauf zu achten, wie der Wanderweg zu den Höhenlinien verläuft. Kreuzt der Weg die Linien senkrecht, wird es sehr steile Anstiege geben, verläuft er hingegen meist parallel zu den Höhenlinien, wird es eine Wanderung mit wenigen Steigungen sein.

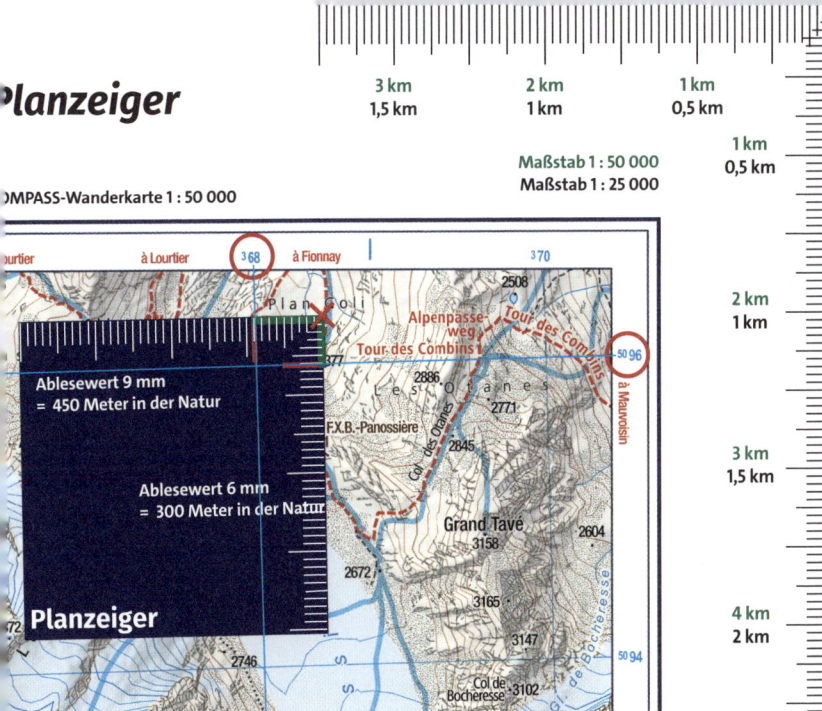

Planzeiger

COMPASS-Wanderkarte 1 : 50 000

3 km 2 km 1 km
1,5 km 1 km 0,5 km

Maßstab 1 : 50 000
Maßstab 1 : 25 000

1 km
0,5 km

Ablesewert 9 mm
= 450 Meter in der Natur

Ablesewert 6 mm
= 300 Meter in der Natur

Planzeiger

2 km
1 km

3 km
1,5 km

4 km
2 km

5 km
2,5 km

Distanzen und Position mit dem Planzeiger bestimmen

Ein Planzeiger ist nichts anderes als ein Lineal. Damit kann man die Distanz zweier Punkte einfach abmessen. Will man einen Weg messen, so kann man einen Faden, den man dem Weg entlang legt und dann abmisst, zu Hilfe nehmen. Den gemessenen Abstand rechnet man dem Maßstab entsprechend um (Tabelle rechts). Ähnlich verhält es sich bei der Angabe der genauen Position. Jede Karte besitzt ein UTM-Gitter (in der Karte in Blau eingezeichnet). Für genaue Angaben misst man mit Hilfe des Plan-

zeigers den Abstand zum Nordwert (horizontaler Gitterlinie) und zum Ostwert (vertikale Gitterlinien) und addiert ihn.

Umrechentabelle und Planzeigerbeispiel

1 : 50 000	1 mm = 50 m
1 : 35 000	1 mm = 35 m
1 : 25 000	1 mm = 25 m

Lege den Planzeiger parallel zum Gitternetz und messe die Distanz zu dem Zielort. Notier dir die Koordinaten des Gitterfeldes und füge drei Nullen an (m-Angaben). Addiere nun den gemessenen Abstand:

Ostwert:	368.000	+	450	=	368.450 Meter
Nordwert:	5096.000	+	300	=	5.096.300 Meter

Packliste

Stelle dir eine Liste mit den wichtigsten Sachen zusammen, die du brauchst. Ein schneller Check vor jeder Tour und böse Überraschungen gehören der Vergangenheit an.

Sonnenschutz, Sonnencreme, Brille

Regenjacke, Mütze, Handschuhe

Aufgeladenes Handy

Genügend Wasser

KOMPASS-Wanderkarte

...

Inspiration

Es gibt Wanderführer die dir zeigen, wie du an ein Ziel kommst. Dann gibt es Bildbände die dir Ziele präsentieren. Diese Wanderführer vereinen beides. Die je 30 Touren sind keine Vorschläge, die man sich für später vornimmt. Sie zeigen dir viel mehr was du verpasst, wenn du deinen Rucksack samt Kamera nicht heute noch packst.

Dein Augenblick

Allgäu
ISBN 978-3-99044-786-4

Tirol
ISBN 978-3-99121-381-9

Südtirol Dolomiten
ISBN 978-3-99044-788-8

Impressum

KOMPASS-Karten GmbH, Karl-Kapferer-Straße 5, A-6020 Innsbruck
Auflage 2024 (24.02)   Verlagsnummer 1667   ISBN 978-3-99154-031-1

Idee und Bilder

Dieses Wanderbuch entstand als Herzensprojekt von KOMPASS-Mitarbeitern. In das Ergebnis sind alle Wünsche und Anforderungen eines outdoor-verliebten Teams geflossen. Neben den Erinnerungen, die wir in diesem Wanderbuch festhalten wollen, sollen die Augenblicke im Kopf für immer gespeichert bleiben.

Text und Fotos (soweit nicht anders angegeben): KOMPASS-Karten
Titelbild: „Die Barbarine" von Anne Köhler
Grafische Herstellung: KOMPASS-Karten

Bildnachweis: Seite 1: Marco Debus; Seiten 2-3: Simeon Kraeft; Seiten 4, 156–157: Fabian Künzel; Seiten 8-9: Melanie Kerzendorfer; Seiten 10-11: Benjamin Bischofer; Seiten: 12-13: Manfred Stipanitz; Seiten 154–155: Sebastian Weingart & Makeila Rose Sandy; Seite 158: Thomas Kargl; Seite 162: Roman Huber; Seite 168: Mirjam Salzburger; Seite 161: Fotolia Johannes Netzer mit KOMPASS-Karten.

Vor jedem Abenteuer in die Natur sollte das Wetter und gegebenenfalls die Lawinengefahr geprüft werden. Die richtige Ausrüstung und Touren, die dem eigenen Können und der körperlichen Kondition entsprechen, sind Voraussetzung für unvergessliche Momente. KOMPASS übernimmt keine Haftung für Unfälle.

Erzähl uns von deinen Abenteuern auf Instagram und Facebook mit:

#folgedeinemKOMPASS

#folgedeinem**KOMPASS**

Danke, ...

dass du ein Produkt kaufst, das verantwortungsvoll
und nachhaltig produziert wurde.

KOMPASS